I0751376

LE

SOUPER IMPRÉVU,

OU

LE CHANOINE DE MILAN,

Comédie en un acte et en prose, représentée sur le théâtre de la République, le 25 fructidor de l'an IV;

Par le citoyen ALEX. DUVAL.

A PARIS,

Chez BARBA, libraire, au magasin des pièces de théâtre, rue André-des-Arts, n°. 27.

AN CINQUIÈME DE LA RÉPUBLIQUE.

PERSONNAGES.

Citoyens.

BARNABÉ, chanoine de la cathédrale de Milan. . . . . *Michaut.*
BENETTO, neveu de Barnabé, caricature . . . . . . *Baptiste, cadet.*
FIRMIN, aide-de-camp d'un général de l'armée d'Italie. *Barbier.*
SANS-QUARTIER, hussard d'ordonnance près de Firmin *Dugazon.*
UN GÉNÉRAL de l'armée d'Italie. . . . . *Desrozières.*

Citoyennes.

CŒLENIE, voisine du chanoine Barnabé et prétendue de Benetto. . . . . *Hainault.*
GERTRUDE, servante de Barnabé . . . . *Desbrosses.*

La scène est dans un village, près de Milan.

LE SOUPER IMPRÉVU,

OU

LE CHANOINE DE MILAN,

COMÉDIE EN UN ACTE.

SCENE I.

Le théâtre représente un appartement simplement meublé; sur le côté est une porte ouverte, en face de la porte, une cheminée préparée pour y recevoir le feu; dans le fond de l'appartement est une descente de cave et une croisée.

GERTRUDE, *seule; elle range les meubles de l'appartement, et prépare son couvert.*

Ah bon dieu! le rude métier que celui d'être cuisinière, et sur-tout cuisinière d'un chanoine! — M. Barnabé s'avise de donner à souper à deux de ses confrères, à la jeune Cœlenie, et à son père, à son imbécile de neveu, l'ennuyeux Benetto; et l'on ne me donne seulement pas un aide. -- Hum! Tout cela commence à m'ennuyer.

SCENE II.

CŒLENIE, GERTRUDE.

GERTRUDE.

Comment, c'est vous, ma voisine? vous venez déjà...

CŒLENIE.

Je viens te dire que je ne puis être du souper. — Mon père

est forcé de se rendre à Milan pour des affaires très-importantes. Je suis enchantée de ce contre-tems, je ne verrai pas le neveu de ton maître.

GERTRUDE.

C'est pourtant là votre prétendu. -- Mais je vous afflige: parlons plutôt de vos amours, avec ce jeune officier françois.-- Nous l'aimons toujours... hem ? où est-il ? que fait-il ? contez-moi tout cela. J'aime les histoires d'amour, moi ; cela m'attendrit.

CŒLENIE.

Son général vient de l'envoyer porter des ordres vers Mantoue. Ah ! ma pauvre Gertrude, tu connois mes chagrins. Mon père est toujours plus intraitable, il ne veut pas entendre parler de ce mariage ; mais ce qu'il y a de plus cruel pour moi, c'est qu'il prétend absolument me faire épouser ce Benetto.

GERTRUDE.

Vous êtes aussi trop bonne. Savez-vous ce que je ferois à votre place, je prendrois mon parti tout de suite, et pas plus tard qu'au souper d'aujourd'hui. Je dirois au chanoine : écoutez, je n'aime point votre neveu, parce que c'est un imbécile; et je dirois au neveu, je ne vous épouserai point, parce que j'en aime un autre aussi brave, aussi aimable que vous êtes sot et poltron.

CŒLENIE.

Oh ! je n'oserai jamais; je veux attendre un moment plus favorable... mais on vient....

GERTRUDE.

C'est le chanoine et son digne neveu qui arrivent par le jardin.

CŒLENIE.

Je veux me dérober à leurs sollicitations. Adieu, ma Gertrude. Du secret, tu m'entends ?

GERTRUDE.

Est-ce qu'on a besoin de me recommander un secret ? Oh ! vous ne me connoissez pas ! Adieu. Bon succès dans les amours.

(*Cœlenie sort, Gertrude la reconduit.*)

SCENE III.

BARNABÉ, BENETTO, GERTRUDE.

Le chanoine et son neveu entrent par la porte, en face de la cheminée, autrement, la porte qui donne dans la cuisine.

* BENETTO.

Ah mon cher oncle! je n'ai jetté qu'un coup d'œil sur les préparatifs... Allons, ce repas-là vous fera honneur dans le monde, c'est moi qui vous en réponds.

BARNABÉ.

Comment, Gertrude, tu laisses la porte de ta cuisine ouverte; tu le vois, nous sommes entrés sans sonner.

GERTRUDE.

Ma foi, monsieur, avec le grand feu qu'il faut, on n'y peut tenir. Il y fume à perdre les yeux.

BARNABÉ.

Mais au moins, fais attention. Des étrangers pourroient sans obstacle, arriver à cet appartement.

GERTRUDE.

Bon! qui peut courir les champs à cette heure, et du tems qu'il fait? il a plu toute la journée.

BARNABÉ.

Tu as toujours raison! mais les ennemis, les François...?

GERTRUDE.

Les François, ils vous font toujours peur.

BENETTO, *d'un air de bravade.*

Oh! pour moi, je ne les crains point. Ils croyent parce qu'ils sont un armée, qu'ils font peur à tout le monde: à quelques poltrons, passe; mais à moi .... quand on a vu le Vésuve face à face... on peut voir bien des choses.

GERTRUDE, *à part.*

Oui. Nous allons voir mon brave. (*Prêtant l'oreille, haut.*) Bon dieu! qu'est-ce que j'entends?

BARNABÉ.

Qu'écoutes-tu là?

---

* Ce rôle seulement, si l'acteur le trouve plus agréable de la sorte, peut être baragouiné en Italien.

GERTRUDE.

Je ne me trompe pas, c'est le canon!

BENETTO et BARNABÉ, *effrayés.*

Qu'est-ce que tu dis donc, le canon?

BENETTO.

Nous sommes perdus. Les François n'aiment pas trop le clergé : mon oncle est chanoine : ils ne manqueront pas de venir ici.

BARNABÉ, *écoutant.*

Mais je n'entends pas trop...

BENETTO.

Oh! je l'entends bien moi. Quel bruit! Il redouble. Je meurs de frayeur.

GERTRUDE, *riant.*

Ah! ah! ah!

BENETTO.

Te moquerois-tu de moi!

GERTRUDE.

Un peu, Monsieur.

BARNABÉ.

Quoi, cela n'est pas vrai?

GERTRUDE.

Hélas! non. Le bruit du canon n'est que dans l'imagination du brave Benetto.

BENETTO, *se rassurant.*

Ah! tu as voulu me faire peur! mais à d'autres...

BARNABÉ.

Vous perdez votre temps avec toutes ces plaisanteries.... et votre souper? et votre couvert, et du feu dans cet appartement?

BENETTO.

Ah quel souper délicieux! Je vais être avec mon adorable maitresse; elle sera à mes côtés. Ah! c'est une joye! c'est un délire! Il me semble déjà que je la vois...

GERTRUDE.

Oui-dà! quel souper! quel plaisir! Mais votre adorable maitresse ne sera pas à vos côtés, vous ne la verrez, ma foi, qu'en idée.

BARNABÉ.

Qu'est-ce que tu dis donc?

GERTRUDE.

Que ni elle, ni son père ne viendront.

BENETTO.

Eh! pourquoi donc, Mademoiselle ?

GERTRUDE.

Pourquoi? parce qu'elle vous aime autant que vous aimez le bruit du canon. Que n'étiez-vous ici tout-à-l'heure! vous l'auriez entendue débiter des vers à votre louange.

BARNABÉ.

Son père m'avoit pourtant promis...

GERTRUDE.

Oui, mais il est obligé de se rendre à Milan pour affaires.

BENETTO.

Ces affaires-là sont fort désagréables, on ne peut pas plus désagréables.

BARNABÉ.

C'est en partie pour eux seuls que j'avois compagnie...

BENETTO.

Nous nous passerons bien d'un cher père, les pères en affaire d'amour, ça n'est pas très-nécessaire ; je vais la prier, la supplier...

BARNABÉ (*à Gertrude.*)

Nous irons ensemble. Mets toujours ton couvert.

GERTRUDE.

C'est fait dans un moment.

Gertrude sort, revient, met le couvert et allume le feu pendant la scène suivante.

SCENE IV.

BARNABÉ, BENETTO.

BARNABÉ.

Cela me contrariera beaucoup, si nous ne pouvons avoir ta prétendue.

BENETTO.

Tenez, mon oncle, vous voulez me marier avec Cœlenia, je le veux bien. C'est une jolie femme, et moi tel que vous me voyez, j'aime beaucoup les jolies femmes. A coup sûr, moi étant son mari, et elle étant ma femme, ça fera un joli couple : mais je crains... et puis d'ailleurs... il y a un certain François qui a logé chez son père...

BARNABÉ.

Qu'est-ce que cela te fait ?

BENETTO.

Ça fait beaucoup. Gertrude l'a dit devant vous. Ma prétendue n'a pas l'air de m'aimer excessivement, et cela deviendroit la cause de quelque aventure...

BARNABÉ.

Que peut-il t'arriver ?

BENETTO.

Ce qui peut m'arriver ! pour un homme d'esprit peut-on faire une demande comme celle-là ? on voit bien que vous êtes chanoine, que vous n'avez jamais été marié ; sans cela vous sauriez que lorsqu'on épouse une femme malgré elle, on est remarqué dans le monde, chacun fait des politesses au mari et puis on se dit tout bas, c'est lui ! Ah ! ah ! vous avouerez que ces propos-là ne sont pas trop honnêtes, et que cela deviendroit fort désagréable, sur-tout à mon âge.

BARNABÉ.

Bon ! cela te fait peur ?

BENETTO, *d'un air fanfaron.*

Peur à moi ! vous le savez bien, je n'ai peur de rien.

BARNABÉ.

Mais vas donc trouver Cœlenie, et l'engager le mieux que tu pourras à venir souper.

BENETTO.

En effet, c'est le plus pressé. Je vous l'amènerai. Oh ! je saurai bien la décider. Nous avons l'éloquence de l'amour et du sentiment.

BARNABÉ.

Je te suis. J'ai quelques ordres à donner ici avant de sortir.

SCENE V.

BARNABÉ.

Voyons si tout est bien en ordre, si Gertrude n'a rien oublié. (*il appelle Gertrude.*)

GERTRUDE, *en dehors.*

Monsieur.

SCENE VI.

GERTRUDE, BARNABÉ.

BARNABÉ.

Arrive donc, ma chère enfant. Je vais chez Cœlenie. Toi, ne perds point de tems, fais que ton souper soit prêt pour l'heure. Un père de l'église l'a dit : *qu'un souper réchauffé ne valut jamais rien.*

GERTRUDE.

Est-ce là tout ce que vous avez retenu de votre bréviaire?

BARNABÉ.

Fripponne, je te passe tes plaisanteries. Ne te regarde point ici comme une servante, mais comme une douce compagne que la providence a bien voulu me donner.

GERTRUDE, *à part.*

Oh ! le vieux renard !

BARNABÉ, *s'approchant d'elle.*

Tu dois voir que je suis ton ami, ton cher ami.

GERTRUDE, *lui faisant la révérence.*

Vous êtes bien bon.

BARNABÉ.

Sois sage, n'écoute point les garçons, sur-tout ces garnemens de François, qui courent toujours après toutes nos jeunes filles. Ce sont de bien méchantes gens!

GERTRUDE.

Mais, monsieur, il m'est permis d'aimer mes compatriotes, et je vous avouerai même que je regrette que ma première maitresse m'ait fait quitter ma patrie.

BARNABÉ.

Ta patrie ! toujours ta patrie ! mon enfant, ta patrie est la cuisine. (*Il veut lui faire quelques caresses.*) Parlons du souper.

GERTRUDE.

Nous avons d'abord la dinde.

BARNABÉ.

Aux truffes. La jolie petite main! Tu nous donneras toujours quatre entrées?

GERTRUDE.

Oui, monsieur.

BARNABÉ. (*Il lui passe la main sous le menton.*)

On n'a pas un minois plus fin, plus séduisant. -- Beaucoup de truffes sur-tout.

GERTRUDE.

Je sais que vous les aimez.

BARNABÉ.

Quels yeux fripons! fais bien attention à ton macaroni.

GERTRUDE.

Il sera aussi bon que le dernier.

BARNABÉ.

Tu devrois me donner un petit baiser.

GERTRUDE, *se débarassant de ses bras.*

Ah! pour le coup, vous êtes trop friand.

BARNABÉ.

Adieu, petite..... Petite méchante.

GERTRUDE.

Adieu, petit espiègle!

(*Barnabé sort.*)

SCÈNE VII.

GERTRUDE seule.

Ah! que ce vieux fou est ridicule avec son amour! --Mais ne jasons pas tant et songeons à notre bésogne. -- Voilà mon feu préparé, mon couvert mis, maintenant il faut que j'aille à la cave. (*Elle prend un panier à bouteilles, elle va pour sortir et revient sur ses pas.*)

Je ne fais pas attention que je laisse cette porte ouverte. (*Elle montre la porte de la cuisine*); mais si je la ferme, toute la maison va se remplir de fumée. -- Bath! la cave n'est qu'à deux pas, et si nos convives arrivoient par le jardin, je les entendrois bien. -- Eh! puis, ils appelleroient!

(*Elle descend à la cave.*)

SCÈNE VIII.

SANS-QUARTIER, FIRMIN.

Ils entrent aussi-tôt la sortie de Gertrude, par la porte de la cuisine.

FIRMIN, *regardant dans l'appartement.*

Personne encore!

SANS-QUARTIER, *restant sur la porte.*

Capitaine, je m'en tiens au premier bastion, prenons poste ici.

FIRMIN, *cherchant encore.*

Cela est singulier, tout est ouvert et l'on ne vient point nous recevoir.

SANS-QUARTIER, *auprès de la table.*

Il semble pourtant aux préparatifs que je vois, qu'on a deviné qu'il devoit arriver deux pauvres militaires bien mouillés, bien harassés et qui n'ont pas mangé de toute la journée.

FIRMIN.

Mais si l'on va croire que nous venons comme ennemis?...

SANS-QUARTIER.

Moi! je n'en veux qu'au souper. — Selon toutes les règles de la guerre, nous sommes maîtres de la place. — Nous arrivons d'abord aux premiers retranchemens, nous ne trouvons pas une vedette. Nous avançons par le chemin couvert, nous nous présentons au pied de la forteresse sans éprouver un coup de feu, nous entrons : les postes sont évacués, la place me paroit approvisionnée, la broche tourne, le couvert est mis, eh bien, mille bombes! mangeons le roti et buvons le vin de l'ennemi.

FIRMIN.

Alte-là, Sans-Quartier! rien ne nous appartient ici, et je ne souffrirai pas qu'on attente à la propriété du maître de cette maison.

SANS-QUARTIER.

Nos chevaux sontmoins cérémonieux que nous.... Ils ont vu un hangard ouvert, ils y sont entrés, je leur ai ôté la selle; et ces messieurs expédient maintenant une botte de foin sans avoir demandé la permission.

FIRMIN, *secouant ses habits.*

Je n'en peux plus, je suis percé jusqu'aux os; mais puisque personne n'arrive, appellons.

SANS-QUARTIER.

Vous avez raison. Hola! Eh! Fanchon, Louise, Margot, Perrette, Gertrude!

SCÈNE IX.

GERTRUDE, LES PRÉCÉDENS.

GERTRUDE, *répondant de la cave.*

Qui m'appelle ?

FIRMIN.

Que dire ? -- On répond.

GERTRUDE.

Est-ce vous, messieurs, qui arrivez pour souper?

SANS-QUARTIER.

Si c'est nous? Oui.... Oui c'est nous qui ne demandons pas mieux que de souper. Mais, où êtes-vous donc ?

GERTRUDE.

Je suis à la cave. Je ne peux pas trouver ce maudit vin de Grave.... Mais, je vais monter.

SANS-QUARTIER.

Non, ne vous dérangez pas. Cherchez bien, tâchez de le trouver, j'ai un grand foible pour le vin de Grave.

FIRMIN.

C'est charmant! on nous prend pour les convives.

GERTRUDE.

Je cherche celui que vous avez trouvé si bon la dernière fois.

SANS-QUARTIER, *à Firmin.*

Capitaine! vous l'avez donc trouvé bon?

GERTRUDE.

Vous avez du feu ; chauffez-vous en m'attendant.

FIRMIN.

On est d'une politesse dans cette maison....

SANS-QUARTIER.

C'est ce que nous faisons. -- Nous en avons grand besoin, nous sommes bien mouillés.

GERTRUDE.

Il faut p endre garde à ça. -- C'est qu'on a bien vite attrappé un rhume. Voulez-vous changer?

FIRMIN.

Nous ne demandons pas mieux.

SANS-QUARTIER.

Mais nous n'avons rien pour cela.

GERTRUDE.

J'ai bientôt fini : je suis à vous dans l'instant. En attendant, ôtez toujours vos habits et prenez la robe-de-chambre de monsieur que vous trouverez accrochée dans le petit cabinet. Ne vous gênez pas; faites comme si vous étiez chez vous.

FIRMIN.

Quelle attention!

SANS-QUARTIER.

Dans le petit cabinet! Nous y voilà. (*Au capitaine.*) Allons, habit bas.

FIRMIN.

Oh! la bonne folie! (*Il ôte son habit.*)

SANS-QUARTIER. (*Il lui met la robe-de-chambre.*)

Peste, la belle robe-de-chambre! Voyez ces grands ramages! Moi, je m'accommode du bonnet fourré, à cause de mon rhumatisme.

FIRMIN.

Qui croiroit que nous sommes ici en pays ennemi? Mais quel peut-être un hôte aussi affable, aussi prévenant pour les étrangers?

SANS-QUARTIER.

Selon les apparences, nous sommes chez un homme qui soupe bien: cela me suffit. Je le dispense de son nom, et peu m'importe sa naissance.

FIRMIN, *appercevant beaucoup de livres sur une table.*

Des livres! Seroit-ce un homme de lettres?

SANS-QUARTIER.

Je n'en crois rien. Le souper qui se prépare, n'est pas celui d'un savant.

FIRMIN, *ouvre un livre et lit.*

Le cuisinier français.

SANS-QUARTIER.

O livre précieux! C'est en l'étudiant, en le commentant, en l'approfondissant qu'on apprend à bien vivre! Maintenant, capitaine, que nous sommes à notre aise, que nous avons les pieds sur nos chenets, jasons de nos affaires.

(*Ils s'asseoient tous les deux auprès du feu. Gertrude arrive.*)

SCÈNE X.

GERTRUDE, LES PRÉCÉDENS.

GERTRUDE *arrive avec son panier de vin et un bougeoir à la main: elle les regarde du fond du théâtre.*

Bon! voilà nos messieurs assis paisiblement auprès du feu... Mais plus je les regarde,..... C'est singulier!

SANS-QUARTIER, *à Firmin.*

Dites-moi, pourquoi nous avons pris des chemins de traverse, et fait le double de la route pour rejoindre le quartier-général.

GERTRUDE, *toujours sans se montrer.*

Mais ce sont des François! Par quel hasard?.... Mon maître les auroit-il invités? Ah! par prudence, peut-être.

FIRMIN, *à Sans-Quartier.*

Apprends que je suis amoureux d'une jeune fille de ce pays, que les ordres que nous venons de porter, m'ont empêché de la voir et que je viens exprès......

SANS-QUARTIER.

Ah! vous êtes amoureux, j'aurois dû le deviner.

GERTRUDE, *paroissant.*

(*bas.*) Approchons. (*haut.*) Eh bien, messieurs, comment vous trouvez-vous maintenant?

SANS-QUARTIER, *se levant.*

Ah! capitaine, on va nous débusquer!

FIRMIN, *sans se déranger.*

Bonjour, l'aimable enfant.

SANS-QUARTIER.

Mille tonnerres, la jolie fille! Vous nous apportez du vin, soyez la bien venue.

GERTRUDE.

Pardonnez-moi ce doute, Messieurs; mais êtes-vous du nombre des convives que nous attendons?

SANS-QUARTIER.

Que vous attendez?....Certainement nous sommes des convives... et nous ferons honneur au repas.

GERTRUDE.

Le maître de la maison vous a donc invités ce soir même?..

FIRMIN, *regardant Sans-Quartier.*

Ce soir même! Le maître de la maison.... Précisément.

SANS-QUARTIER.

Oh! le digne homme! Nous l'avons rencontré comme il sortoit. Il nous a vus... et comme nous sommes ses intimes amis, attendu que les François, hors la bataille, sont les amis de tout le monde, il nous a priés d'entrer....

GERTRUDE.

Où vous êtes-vous donc connus?

SANS-QUARTIER.

Oh! c'ést une connoissance bien ancienne! — Nous.... nous avons fait nos premières campagnes ensemble.

FIRMIN.

Que diable va-t-il dire?

GERTRUDE.

Comment des campagnes! Mais il n'a jamais fait la guerre puisqu'il est chanoine.

SANS-QUARTIER, *à part.*

Aux préparatifs du souper, j'aurois dû deviner que nous étions chez un homme d'église.

FIRMIN.

(*A part.*) Comment nous tirer de là. (*Haut.*) Mon camarade a voulu dire qu'ils avoient fait leurs études ensemble.

GERTRUDE, *avec naïveté.*

Je ne crois pas qu'il ait fait ses études non plus.

FIRMIN, *à part.*

Encore!....

GERTRUDE, *à part.*

Je vois bien qu'ils veulent s'amuser, soutenons la plaisanterie.

SANS-QUARTIER.

Ma foi, j'ai eu bien du plaisir à l'embrasser. Il y avoit longtems que nous n'avions vu ce brave homme.

FIRMIN.

Je l'ai trouvé un peu maigri.

GERTRUDE, *en riant.*

Comment le voulez-vous donc?

SANS-QUARTIER, *à Gertrude.*

Vous ne concevez pas la joie qu'il a éprouvée en me reconnoissant. Il m'a dit du plus loin qu'il m'a vu. « Comment, c'est toi, mon pauvre Sans-Quartier, je ne pouvois te trouver plus à propos; je donne ce soir à souper, je t'y invite, ainsi que ton camarade. Tiens, prends par ce jardin, tu trouveras la porte de la cuisine ouverte, tu pénétreras jusques à la salle à manger; là, tu trouveras un bon feu, une jolie femme et ton couvert mis.

FIRMIN.

Une jolie femme! Vous nous prouvez bien qu'il nous a dit la vérité.

GERTRUDE.

Ces François ne sont jamais plus aimables que dans leurs étourderies.

SANS-QUARTIER.

Malgré cela je lui en veux au cher homme, il ne m'avoit pas dit que sa femme fût aussi aimable, aussi appétissante.

GERTRUDE.

Comment sa femme! Qu'est-ce qu'il dit donc? Est-il fou?

FIRMIN.

Imbécile! Est-ce que les chanoines ont des femmes? C'est sa gouvernante.

SANS-QUARTIER.

(*A Firmin.*) C'est égal. (*à Gertrude.*) Vous arrivez bien à propos, car nous vous le disons de bonne foi, nous mourons de soif.

GERTRUDE.

Oh! qu'à cela ne tienne, je vais vous donner à boire.

(*Gertrude apporte des verres.*)

SANS-QUARTIER.

Si cela vous est égal, donnez-moi le gobelet du chanoine.

GERTRUDE.

Volontiers. (*Elle lui apporte un verre d'une grandeur démésurée. A part, en leur versant du vin.*) Je ne puis m'empêcher de rire, ils me croient leur dupe.

SANS-QUARTIER, *après avoir bu.*

Il a de bien bon vin, notre ami. Il nous a dit encore: ah ça, mes enfans, vous avez couru toute la journée, vous devez avoir bon appétit; si je tardois à rentrer, faites-vous servir un morceau sans façon. Vous savez bien qu'entre amis on ne se gêne pas.

GERTRUDE.

Ah! tout doux! passe pour les rafraichissemens, mais pour le souper, pas possible; vous attendrez le maitre.

SANS-QUARTIER, *à Firmin.*

Ahi! nous nous coucherons à jeun.

GERTRUDE.

Je vois, à vos manières, que vous êtes d'honnêtes gens, aimables, gais; mais le chanoine n'entend pas raillerie, il n'aime pas les François, il vous accueillera mal; moi, je ferai tout mon possible pour que vous passiez la nuit ici. Nous attendons grand monde, eh bien, tant mieux! vous ferez un bon repas, et c'est une bonne aubaine pour des militaires.

SANS-QUARTIER.

Capitaine! est-ce là une femme?... C'est fini, j'en suis amoureux.

FIRMIN.

Combien nous sommes reconnoissans!.. Qui peut vous engager à nous montrer tant d'intérêt?

GERTRUDE.

Cela ne vous étonnera pas quand vous saurez que je suis Française.

SANS-QUARTIER.

Française!

GERTRUDE.

De Brest même.

SANS-QUARTIER.

De Brest! c'est mon pays! Attends, ne nous pressons pas, nous allons peut-être faire une reconnoissance.

GERTRUDE.

Eh! la chose n'est pas impossible, j'ai beaucoup de parens à Brest. Mon père y avoit un frère, un brave homme que vous connoissez peut-être, Pierre dit Lavaleur.

SANS-QUARTIER.

Ventrebleu! C'est le nom de mon père, sergent de la marine, frère de Guillaume, fils de Thomas.....

GERTRUDE.

Quoi! vous êtes le fils de Pierre.

SANS-QUARTIER.

Vois plutôt mes papiers?

GERTRUDE.

Moi, je suis Gertrude, fille de Guillaume.

SANS-QUARTIER.

Mille trompettes! Tu es ma cousine, ou le diable m'emporte!

FIRMIN.

La singulière rencontre.

SANS-QUARTIER.

Embrassons-nous d'abord, c'est bien la moindre chose qu'on puisse faire quand on reconnoit sa cousine.

R.F.

GERTRUDE.

Volontiers.

FIRMIN.

Moi, j'embrasse aussi la cousine.

SANS-QUARTIER.

Eh bien! voyez pourtant ce que c'est que le sang! en passant tantôt par la cuisine, j'ai éprouvé un certain frémissement... J'ai senti........ vous allez peut-être rire. J'ai senti........ mon cœur...... la nature..... l'odeur..... Capitaine, c'est moi qui régale, nous sommes en famille.

GERTRUDE.

Allons, finissez votre bouteille, et attendez patiemment le retour de mon maître. Je vais voir à mon souper.

SANS-QUARTIER.

Je ne te quitte pas. Accepte mes services, tu n'en seras pas mécontente.

GERTRUDE.

Ma foi, ce n'est pas de refus, mais à condition que tu seras sage.

SANS-QUARTIER.

Comme un hussard, je te promets de ne songer d'abord qu'au souper.

(*Ils sortent.*)

SCENE XI.

FIRMIN, *seul.*

Allons, nous ne sommes pas malheureux, et je vois que tout finira bien. Mais songeons à ma jeune amie. Dès le point du jour trouvons le moyen de la voir. Sa dernière lettre est pleine de tendresse. C'en est fait, la campagne finie, je me marie; mais que va dire notre hôte en me voyant affublé de sa robe-de-chambre. Bon, s'il est galant homme, il en rira le premier, s'il ne l'est pas..... Oh! mais, c'est un brave homme.

SCENE XII.

FIRMIN, BARNABÉ.

BARNABÉ.

Cœlenie viendra, c'est tout ce que je desirois. (*Il apperçoit Firmin.*) Comment du monde ici? Ma robe-de-chambre! On ne se gêne pas ; mais je voudrois bien savoir quel est l'insolent qui se permet...

FIRMIN.

(*A part.*) Voici notre hôte. (*haut.*) Daignez recevoir mes salutations.

BARNABÉ.

Monsieur..... Mais je ne vous connois pas. (*à part.*) C'est un frippon.

FIRMIN.

J'attends de votre bonté, de votre charité, un asyle pour cette nuit.

BARNABÉ.

On ne vient point ainsi chez les gens..... On ne prend point leurs habits......

FIRMIN.

Vous croyez bien que je ne les garderai pas ; nous autres François, nous ne faisons pas la guerre en robe-de-chambre. Croyez à ma loyauté, accordez-moi l'asyle que je vous demande.

BARNABÉ

Qu'est-ce à dire un asyle? Monsieur, cela m'est impossible. Je suis étonné que la fille Gertrude, ma cuisinière, ne vous ait pas dit que j'attendois du monde, que j'avois des affaires de famille à régler.

FIRMIN.

Je ne vous génerai pas.

BARNABÉ.

Ah ! ceci est fort plaisant ! vous ne me génerez pas ! Pardonnez-moi, vous me génerez et beaucoup.

FIRMIN.

Voyez ma situation, il ne m'est plus possible de trouver un autre gite.

BARNABÉ.

Il faudra pourtant bien que vous en cherchiez.

FIRMIN.

A cette heure je ne le peux, en vérité. J'ai tourné mes pas vers cette maison, elle m'a semblé la plus apparente du village....

BARNABÉ.

En vérité, je suis très-reconnoissant que vous lui ayez donné la préférence.

FIRMIN.

J'ai soupçonné qu'elle appartenoit à un homme riche, et je crois ne m'être pas trompé.

BARNABÉ.

Il n'est pas ici question de richesses.

FIRMIN.

De qui doit-on attendre l'hospitalité, si ce n'est de celui à qui la fortune donne le pouvoir de secourir ses semblables?

BARNABÉ.

Monsieur, avec votre morale.... Je la connois aussi bien que vous.... la morale....

FIRMIN.

Il ne suffit pas de la connoître, il faut encore la pratiquer.

BARNABÉ.

(*A part.*) Quel homme! --- Finissons. --- Dans un autre tems.... Si je n'avois pas besoin de ma maison....

FIRMIN.

Je tiens si peu de place.

BARNABÉ.

Cherchez dans le voisinage.... vous trouverez....

FIRMIN.

Vous ne voudriez pas me déranger, je suis si à mon aise ici.

BARNABÉ.

Parbleu! je le vois bien.

FIRMIN.

Il ne m'est plus possible de me rhabiller, donnez-moi le tems au moins de faire sécher mes habits.

BARNABÉ.

Sécher vos habits! monsieur!

FIRMIN.

Allons, je puis compter sur vous, vous prendrez votre parti de bonne grace.

BARNABÉ.

Ah! de bonne grace! Non, monsieur, je ne le prendrai pas et vous sortirez.

FIRMIN.

Et là, là! vous le prenez sur un ton! Je ne me fâche pas moi.

BARNABÉ.

Votre général a fait une proclamation, dans laquelle il est dit que tout citoyen sera en sûreté chez lui, que ses propriétés seront respectées....

FIRMIN.

Dieu me garde de vous faire aucun tort.

BARNABÉ.

Vous devez obéir aux ordres de votre général.

FIRMIN.

Vous devez écouter la voix de l'humanité.

BARNABÉ, *à demi-voix.*

L'humanité ! l'humanité avec des brigands.

FIRMIN, *avec un geste de fureur.*

Des brigands ! malheureux....

BARNABÉ.

Au secours ! Je suis mort!

FIRMIN.

Rendez grace à cette même hospitalité que je réclame, vous lui devez l'oubli de l'outrage que vous venez de faire à une nation généreuse.

SCENE XIII.

SANS-QUARTIER, GERTRUDE, *les précédens.*

SANS-QUARTIER.

Eh bien ! mille morts ! On se querelle ici ?

GERTRUDE.

Qu'est-ce donc ?

BARNABÉ.

Ah mon dieu ! des hussards !....... Ma maison est au pillage. Je suis un homme perdu, ruiné. --- Au secours ! --- A moi, Gertrude !

SANS-QUARTIER.

Eh bien.... Eh bien, voisin, pourquoi battre ainsi la générale ? Vous avez peur, vous avez tort. Nous sommes de bons vivans. Touchez là, nous vous demandons seulement à souper et à coucher.

GERTRUDE, *à Barnabé.*

Rassurez-vous, c'est un de mes.....

BARNABÉ.

Et vous croyez que vous resterez ici malgré moi. Allons,

je n'ai qu'un parti à prendre, le quartier-général n'est qu'à deux pas...... Je vais......

SANS-QUARTIER.

Va-t-en à tous les diables !

BARNABÉ.

Je serai de retour dans un quart-d'heure. Gertrude, ne les quitte pas.

GERTRUDE.

Non, monsieur.

BARNABÉ.

Fais bien attention à eux.

GERTRUDE.

J'aurai beaucoup d'attention pour eux. Oui, monsieur, je n'y manquerai pas.

BARNABÉ.

C'est incroyable ! C'est inconcevable qu'on se permette de venir ainsi chez les gens...... Mais nous verrons !

GERTRUDE.

Mais, monsieur, calmez-vous. Ces militaires sont....

BARNABÉ.

Très-indiscrets, très-impolis. Je suis tout hors de moi. Messieurs, prenez des villes, prenez des forts, prenez des rivières ; mais, pour dieu, ne prenez pas ma maison, ce n'est point une forteresse, elle n'a ni tours ni crénaux.

(*à Gertrude.*)

Gertrude, prends bien garde à ton macaroni. Je serai peut-être bien le maître chez moi. Nous verrons, nous verrons. Je sors.

(*Il sort. Dans cette scène, il faut que la colère du chanoine soit graduée et qu'elle soit telle à la fin qu'il ne puisse plus parler que d'une voix étouffée.*

FIRMIN.

Il a tort de se fâcher.

SANS-QUARTIER.

Ecoutez donc, papa, *Gloria patri.* C'est le diable ! Comme il bat en retraite...... Ecoutez donc, écoutez donc.

(*Sans-Quartier suit le chanoine.*)

SCÈNE XIV.

GERTRUDE, FIRMIN.

GERTRUDE.

Eh bien! Sans-Quartier le suit.

FIRMIN.

Le quartier-général est donc dans le voisinage?

GERTRUDE.

Oui, il s'est rapproché de Milan. Nous en sommes très-près.

FIRMIN.

Ma foi, je l'ignorois. C'est depuis mon départ que ce changement s'est opéré.

SCÈNE XV.

SANS-QUARTIER, LES PRÉCÉDENS.

SANS-QUARTIER, *rentrant en riant aux éclats.*

Ah! ah! ah! Tiens, Gertrude, voilà la clef. Je te fais commandant de la place, le pont levis est levé, on n'entrera que par tes ordres.

FIRMIN.

Quoi, tu as fermé les portes?

SANS-QUARTIER.

Oui, crainte d'une surprise de la part de l'ennemi. Il est allé chercher du renfort. Eh bien, nous soutiendrons le siège et nous verrons à faire une capitulation honorable.. (*à Gertrude.*) Tu seras un des articles....

FIRMIN.

Ceci est par trop fort. Je ne le souffrirai pas.

GERTRUDE.

Comment, tu veux que je reste seule avec deux militaires?

SANS-QUARTIER.

Cela te fait peur. Deux braves militaires ne sont pas si dangereux qu'un chanoine, friponne.

GERTRUDE.

Mais si nos convives viennent?....

FIRMIN.

Quels sont ces convives?

GERTRUDE.

Dabord, deux vénérables chanoines de la cathédrale de Milan.

SANS-QUARTIER.

Ah! bon dieu, tu me fais trembler! Ils affameroient la citadelle. Tenez, si vous m'en croyez, restons comme nous sommes..... Là, paisiblement. Il est si doux de vivre dans son petit intérieur.

GERTRUDE.

Je regrette pourtant une jolie voisine qui doit venir avec son prétendu.

FIRMIN.

Une jolie voisine! Il faut la recevoir.

SANS-QUARTIER.

Oubliez-vous, capitaine, que vous êtes amoureux.

FIRMIN.

Mon amour ne peut m'empêcher de souper avec une femme aimable, lorsque j'en trouve l'occasion.

SANS-QUARTIER.

Ma foi! moi, auprès de ma chère cousine, je ne regrette point la jolie voisine. Mais le prétendu?.....

GERTRUDE.

Oh! elle ne l'aime pas. On veut absolument le lui faire épouser, ce qui la rend fort malheureuse. Cette pauvre Cœlenie aime un jeune françois......

FIRMIN.

Cœlenie! qu'as-tu dit? — C'est le nom de celle que j'aime.

GERTRUDE.

Quoi, vous seriez cet officier?...

FIRMIN.

C'est moi-même qui ai passé quelques jours chez son père, qui l'ai quittée avec tant de regret, et qui ne suis revenu dans ce village que pour le seul plaisir de la voir.

SANS-QUARTIER.

Eh bien, comme tout cela s'arrange! — moi, je rencontre une cousine, le capitaine sa maitresse, et le bon chanoine Barnabé a la complaisance de faire les frais d'un souper qui n'attend que nous. — C'est charmant!

GERTRUDE.

Mais le prétendu! qu'en ferons-nous?

SANS-QUARTIER.

Laisse faire, je me charge de lui.

GERTRUDE, *regardant Firmin.*

Mais dois-je me fier?....

FIRMIN.

Ne craignez rien, mes intentions sont pures. — Croyez à mon honnêteté.

SANS-QUARTIER.

Je te réponds du capitaine, corps pour corps.

GERTRUDE.

Le bon répondant! — Ma foi, puisque c'est ainsi.... va pour le souper du chanoine.

SANS-QUARTIER.

Va pour le souper du chanoine.

FIRMIN.

Non, je ne permets pas....

SANS-QUARTIER.

Songez que si le chanoine se plaint de ce que nous lui mangeons son souper, eh bien, vous le lui payerez, nous ne lui ferons aucun tort. — Mais voyez, d'un côté, l'amour.

FIRMIN.

L'amour!

SANS-QUARTIER.

De l'autre la faim! Voyez comme elle emporte la balance.

FIRMIN.

Il est trop vrai, la faim!

SANS-QUARTIER, FIRMIN, *se décidant.*

Allons, va pour le souper du chanoine.

SANS-QUARTIER.

On frappe à la porte de la rue?

FIRMIN.

C'est peut-être Cœlenie.

GERTRUDE.

Je vais voir.

SANS-QUARTIER.

N'ouvre pas sans avoir crié qui vive; capitaine, le mot d'ordre?

FIRMIN.

Amour et Cœlenie.

Sans-Quartier reçoit l'ordre avec le sérieux d'un militaire sous les armes.

SANS-QUARTIER, *à Gertrude.*

Caporal, à l'ordre! — *Amour* et *Cœlenie.* — Ne l'oublie

pas. Si au lieu d'une jolie femme que nous attendons, tu allois nous présenter deux gros chanoines, cela ne seroit pas régalant.

GERTRUDE, *à Firmin.*

Ne craignez rien. — Cachez-vous, pour me donner le temps de préparer Cœlenie à vous recevoir. (*Elle sort.*)

SCENE XVI.

FIRMIN, SANS-QUARTIER.

FIRMIN.

Quel bonheur! je vais revoir mon aimable Cœlenie.

SANS-QUARTIER, *parodiant Firmin.*

Quel bon souper je vais faire!....

FIRMIN.

Elle sera encore embellie pendant mon absence! elle a des yeux......

SANS-QUARTIER.

La dinde a une mine!

FIRMIN.

Elle est si touchante! si tendre! -- Oh! l'heureux jour où je pourrai la nommer mon épouse!

SANS-QUARTIER.

Je la crois aussi bien tendre! — L'heureux moment où je pourrai la voir étendue sur un plat!

FIRMIN.

Mon cœur palpite de plaisir.

SANS-QUARTIER.

L'eau m'en vient à la bouche. — Capitaine, on approche. — battons en retraite. (*Ils sortent.*)

SCENE XVII.

GERTRUDE, CŒLENIE, BENETTO *arrivant avec un parasol.*

GERTRUDE.

Soyez les bien-venus.

CŒLENIE.

C'est bien malgré moi, ma chère Gertrude, que je viens souper; mais je n'ai pu m'empêcher de céder aux sollicitations pressantes de ton maître et aux importunités accablantes de Monsieur.

GERTRUDE.

Vous ne regretterez pas votre complaisance, et le souper vous plaira, c'est moi qui vous en réponds.

BENETTO.

Certainement qu'il vous plaira. Vous faites comme cela de petites difficultés; mais on n'en est pas la dupe. — Nous connoissons les jeunes filles; quand on leur parle mariage, elles font toujours semblant d'être fâchées.

CŒLENIE.

Avec vous, monsieur, je ne fais point semblant, je vous le jure.

BENETTO.

Écoutez donc, sans me vanter, on pourroit vous offrir un mari plus mal tourné.

GERTRUDE, *à part.*

Pas un plus sot.

BENETTO.

Je sais fort bien le motif qui vous fait résister à votre père au sujet de notre mariage. — Vous aimez un certain françois....

CŒLENIE.

Qui vous a si bien instruit ?

BENETTO.

Oh ! vous avez beau vous en défendre, on ne m'attrape point, moi !

CŒLENIE.

Eh bien, je ne m'en défends point, j'aime un jeune françois très-aimable.

GERTRUDE.

Pour ça, c'est vrai !

BENETTO.

Je le connois très-bien; mais je n'en suis plus jaloux maintenant, vous pouvez l'aimer tant que vous voudrez, vous ne l'épouserez pas.

GERTRUDE.

Elle l'épousera.

BENETTO.

Elle ne l'épousera pas, et cela par une bonne raison.

CŒLENIE.

Laquelle donc ?

BENETTO.

Un petit évènement, une bagatelle à laquelle les gens de guerre sont sujets.

CŒLENIE.

Vous m'impatientez; — que lui est-il donc arrivé?

BENETTO.

Presque rien. — il est mort.

CŒLENIE.

Mort!

GERTRUDE.

Menteur!

BENETTO.

Oui, à la dernière bataille; au passage du pont il a reçu un boulet dans la poitrine et trois coups de sabre.

CŒLENIE.

Que dites-vous?

GERTRUDE.

Vous l'allez voir.

BENETTO.

Oh! il faut lui rendre justice, il se battoit bien; mais on ne peut pas parer un boulet de canon.

GERTRUDE, *à Cœlenie.*

Il se porte très-bien.

BENETTO.

Il a bien fait de se faire tuer, c'est prudent de sa part: car tel que vous me voyez, j'étois bien résolu à l'aller trouver pour lui passer mon épée au travers du corps.

CŒLENIE.

Seroit-il vrai?....

GERTRUDE.

Eh! mademoiselle, est-ce que vous croyez ces sots propos? vous verrez bientôt votre amant, il est ici.

CŒLENIE.

Ici! tu l'as vu?

BENETTO.

Ah bien oui, ici! je voudrois que cela fût vrai, pour me procurer le plaisir de le tuer une seconde fois.

GERTRUDE *parle bas à Cœlenie.*

CŒLENIE.

Tu me rassures.

BENETTO.

Oh! ces françois qui font peur à tout le monde, ne m'en font point à moi. — (*Il tire sa petite épée.*) Oh! que ne puis-je les tenir ici tous les uns après les autres, je vous les expédierois. — D'ici, de là — pif — pan! — parez-moi celle-ci! parez-moi celle-là!

SCENE XVIII.

SANS-QUARTIER, FIRMIN, LES PRÉCÉDENS.

SANS-QUARTIER, *tirant son sabre et se mettant en garde contre Benetto, qu'il fait reculer jusqu'à l'autre bout du théâtre.*

Pif — pan! parez-moi celle-ci, parez-moi celle-là.

BENETTO.

Ah! mon dieu!

FIRMIN *se jette aux genoux de Cœlenie, Benetto le regarde avec étonnement, de manière à former un tableau.*

O ma chère Cœlenie, revoyez votre amant!

CŒLENIE.

C'est lui-même! Quoi, vous êtes ici à l'instant où l'on me disoit......

BENETTO.

Gertrude! Gertrude! mettez-vous donc au milieu de nous; nous allons nous couper la gorge! — Mais que vois-je? un homme aux genoux de celle que j'adore!

CŒLENIE.

Je ne puis contenir ma joie; mais par quel évènement?.....

BENETTO, *voulant aller à Cœlenie.*

C'est bien cruel de voir son rival....

SANS-QUARTIER, *l'arrêtant.*

Laissez donc, ne troublez pas l'expression du sentiment.

GERTRUDE, *à Benetto.*

Vous tremblez?

BENETTO.

C'est de colère.

FIRMIN, *à Cœlenie.*

Nous vous conterons tout. — Et vous, mon cher monsieur, qui m'avez fait recevoir un boulet dans la poitrine.....

BENETTO.

Monsieur, je suis enchanté que la chose ne vous soit pas arrivée. — Vous me paroissez bien vivant.

FIRMIN.

Faites-moi le plaisir de me dire pourquoi vous m'avez tué de votre pleine autorité.

BENETTO.

On m'avoit raconté ce petit accident; mais je commence à m'appercevoir qu'il n'en est rien. Assurément j'en suis bien aise pour vous.... parce qu'enfin un boulet....

FIRMIN.

Mais il m'a semblé entendre que vous vous promettiez de me tuer une seconde fois.

BENETTO.

Je ne me serois jamais permis de tels propos. -- Ce seroit bien dommage, un joli garçon comme vous.

FIRMIN.

Vous l'avez dit!

BENETTO.

Eh! bien oui, monsieur, mais c'est une façon de parler, cela se dit, mais cela ne se fait pas. --- D'ailleurs, il est bien permis à un amant malheureux d'exhaler son martyre.

SANS-QUARTIER.

Allons, puisque tu es un amant malheureux, tu ne dois pas tenir à la vie, veux-tu que je t'en débarrasse.

BENETTO.

Pardonnez-moi, je tiens à la vie beaucoup.

GERTRUDE.

Ah! le poltron!

SANS-QUARTIER, *le prenant par le col.*

Capitaine, que voulez-vous que j'en fasse?

FIRMIN.

Laisse-le, j'ai voulu le punir d'avoir effrayé ma Cœlenie.

GERTRUDE, *à Benetto.*

Eh bien, brave champion, que dites-vous des François?

BENETTO.

Qu'ils sont de bien honnêtes gens. — Je les ai toujours aimés.

FIRMIN.

Éloignez-vous. — Sortez.

SANS-QUARTIER.

Non, capitaine, je le fais mon prisonnier de guerre. — Gertrude, n'avons-nous pas besoin de quelqu'un pour nous aider? --- Si nous soupions?

GERTRUDE.

C'est bien dit.

SANS-QUARTIER.

Allons, en avant, marche.... au feu!

BENETTO.

Comment! au feu?

SANS-QUARTIER.

Au feu de la cuisine, nigaud.

BENETTO.

C'est une plaisanterie..... Je m'y prête volontiers; j'en ris tout le premier, je suis si jovial de mon naturel. (*à part.*) J'enrage : mais ils me le payeront.....

SANS-QUARTIER.

Allons, marchons.

(*Gertrude, Sans-Quartier et Benetto sortent.*)

SCÈNE XIX.

CŒLENIE, FIRMIN.

CŒLENIE.

Mais par quel évènement vous trouvez-vous ici?

FIRMIN.

Le hasard seul m'y a conduit.

CŒLENIE.

Et le chanoine vous a invités à souper? c'est fort honnête de sa part.

FIRMIN.

Au contraire, il a voulu nous chasser. — Il est allé se plaindre. Le même hasard qui nous a conduits ici, fait que Sans-Quartier trouve une cousine dans Gertrude; vous arrivez, et nous allons faire, aux dépens du colérique et incivil chanoine, un souper délicieux où présideront l'amour et la gaieté.

CŒLENIE.

Mais votre général peut vous réprimander....... vous punir..... ceci peut être plus sérieux que vous ne pensez.

FIRMIN.

Mon général est un brave homme, il connoit mon amour pour vous, il s'est même chargé de parler à votre père qui ne pourra plus se refuser à notre union.

CŒLENIE.

Non, mon cher Firmin, je ne puis consentir..... Je prévois les suites.....

SCENE XX.

GERTRUDE, SANS-QUARTIER, BENETTO, LES PRÉCÉDENS.

(Ils arrivent, et apportent le souper; Benetto a une serviette par-dessus son habit et l'épée au côté.)

SANS-QUARTIER.

Voici l'avant-garde, la dinde au centre. — Je commande l'aile gauche.

FIRMIN. (*à Cœlenie.*)

Allons, le souper est servi. — Venez.....

BENETTO.

Je me brûle! je me brûle!

FIRMIN.

La plaisante figure! Qui l'a donc habillé de la sorte? — Est-ce vous, Sans-Quartier? — Auriez-vous employé la violence?

SANS-QUARTIER.

La punition est trop douce pour sa trahison. — Je l'ai surpris faisant passer des vivres à l'ennemi et s'enfuyant par le jardin......

(Pendant ce temps tous se sont placés à table excepté Benetto.)

BENETTO, *les voyant tous à table.*

Eh bien, et mon couvert? et ma place?

SANS-QUARTIER.

Qu'est-ce que c'est?

BENETTO.

Il faut bien que je soupe peut-être..... — Monsieur le capitaine, vous ne souffrirez pas..... certainement qu'un jeune homme.....

FIRMIN, *à Sans-Quartier.*

Je te demande sa grace.

SANS-QUARTIER.

Volontiers, mais à condition qu'il chantera quelques couplets. — Tous ces Italiens ont des gosiers de rossignols.

GERTRUDE, *montrant la guitarre, qui se trouve sur une chaise auprès de Firmin.*

Voilà sa guitarre.

FIRMIN, *lui donnant la guitarre.*

Je serois ravi de vous entendre.

BENETTO.

BENETTO.

Je chanterai quand nous serons au dessert.

SANS-QUARTIER.

Non, rien n'est plus agréable que la musique lorsqu'on est à table....

BENETTO.

Oui, agréable! pour celui qui mange. — Soit, je commence; mais pas de plaisanterie, gardez-moi du macaroni.

(*Il chante et s'accompagne de la guitarre.*)

La belle Ermance, dans Ferrare,
Aimoit un très-joli garçon;
Mais hélas! son tuteur avare,
Lui fit épouser un barbon.
Le jeune [illegible], dans sa détresse,
Exécute un projet plaisant,
Il meurt: et pour voir sa maîtresse,
Vient sous l'habit d'un revenant.

SANS-QUARTIER.

Diable! c'est intéressant, une histoire de revenant!

FIRMIN.

Le second couplet?....

BENETTO.

La douleur d'Ermance est si forte,
Que l'époux la garde en tremblant.
Tout-à-coup on frappe à la porte,
Paroît un grand fantôme blanc:
L'époux frémit, l'effroi l'accable,
Ermance a revu son amant;
Et sans craindre d'aller au diable,
S'enfuit avec le revenant.

SANS-QUARTIER.

Bon dieu! que c'est touchant! j'en pleure.

BENETTO.

Après cela jamais, d'Ermance,
On n'a pu savoir le destin;
Mais, si l'on en croit l'apparence,
Elle aura fait mauvaise fin.
Voyez pourtant la perfidie,
Chacun dit que, depuis ce temps,
Tous les vieux maris d'Italie
Craignent beaucoup les revenans.

Maintenant je vais souper.

GERTRUDE.

On frappe !

SANS-QUARTIER.

C'est un revenant.

BENETTO, *faisant un saut.*

Un revenant ! c'est peut-être mon oncle ?

SANS-QUARTIER, *regardant par la fenêtre.*

Alerte, capitaine ! c'est la ronde du général. — Le chanoine en est aussi ! Que faire ? faut-il nous rendre ?

FIRMIN *reprend ses habits de militaire.*

Nous avons pu nous égayer aux dépens de notre hôte, mais à l'ordre du général il faut obéir.

SANS-QUARTIER.

C'est dommage pourtant ! — J'aurois volontiers pris ici mon quartier d'hiver. (*A Gertrude.*) Donne-moi la clef ? *Il sort*).

BENETTO, *à part.*

Ils vont me la payer bonne !

SCÈNE XXI.

COELENIE, FIRMIN, GERTRUDE, BENETTO.

COELENIE.

Que va dire Barnabé ?

FIRMIN.

Je prends tout sur moi ; ne craignez rien.

GERTRUDE.

Eh, mademoiselle ! est-ce notre faute si des militaires s'emparent de la maison et de nous ; il a bien fallu céder, puisqu'ils étoient les plus forts.

BENETTO.

Oui, mais moi je dirai tout.

FIRMIN, *le menaçant.*

Si vous osez ouvrir la bouche.....

BENETTO.

Je ne dirai rien.

SCÈNE XXII et dernière.

Les PRÉCÉDENS, BARNABÉ, SANS-QUARTIER, LE GÉNÉRAL *et sa suite.*

BARNABÉ.

Je suis heureux, monsieur le général, de vous avoir rencontré à l'instant où vous faisiez votre ronde ; au moins vous jugerez vous-même si mes plaintes sont justes.

SANS-QUARTIER.

Général ! ce n'est qu'à votre sommation que nous rendons la place. — Vous voyez que nous pouvions encore soutenir le siège, (*montrant les femmes*), nous avions des provisions de toute espèce.

LE GÉNÉRAL.

Quoi ! c'est vous, Firmin, qui chassez un citoyen de sa maison, qui vous emparez de ses habits ?....

SANS-QUARTIER.

C'est lui, au contraire, qui vouloit nous chasser. — Il étoit si furieux, que pour nous garantir de sa colère, pour sauver notre vie, nous avons été obligés de nous cacher dans sa maison et de nous y enfermer à double tour.

BARNABÉ.

Tenez, monsieur le général, tout parle contre eux. — Voilà les débris du souper.....

SANS-QUARTIER, *à Barnabé.*

Il faut vous rendre justice, vous traitez bien vos amis.

LE GÉNÉRAL.

Firmin, répondez-moi donc, comment vous trouvez-vous ici ?....

SANS-QUARTIER.

Très-bien ! mon général.

LE GÉNÉRAL, *à Sans-Quartier.*

Taisez-vous. — Qui vous a conduit ?....

FIRMIN.

Le hasard.

BARNABÉ *regardant la table.*

Ils ont tout mangé. — (*A Benetto*). Et le macaroni, étoit-il bon ?

BENETTO.

Je n'en ai pas tâté. — Mais il filoit, ah !

FIRMIN.

Général, voici l'affaire. Nous arrivons ici....

GERTRUDE.

Mouillés,

CŒLENIE.

Harassés,

SANS-QUARTIER.

Affamés,

GERTRUDE.

Enfin, dans un état à faire pitié.

FIRMIN.

Ne voyant personne dans cet appartement, nous appelons.

GERTRUDE.

Je leur réponds.

FIRMIN.

Elle nous invite à prendre

SANS-QUARTIER.

La robe-de-chambre,

BENETTO, *au chanoine.*

Et votre bonnet fourré.

FIRMIN *montrant Barnabé.*

Monsieur arrive, nous réclamons sa pitié, sa charité.

GERTRUDE.

Il les maltraite.

SANS-QUARTIER.

Il veut nous battre.

FIRMIN.

Il va se plaindre, et nous restons avec Gertrude. — (*Montrant Cœlenie.*) Madame vient alors pour souper, et il se trouve que le hasard présente à chacun de nous....

SANS-QUARTIER.

Moi, ma cousine,

GERTRUDE.

Moi, mon cousin,

FIRMIN.

Moi, ma maîtresse,

CŒLENIE.

Moi, mon amant,

BENETTO.

Moi, mon rival,

BARNABÉ.

Et moi, le diable!

SANS-QUARTIER.

Le souper se trouve cuit.

BENETTO.

Moi, je le sers.

BARNABÉ.

Moi, je le paie.

SANS-QUARTIER et FIRMIN.

Et nous le mangeons.

GERTRUDE, CŒLENIE et les MILITAIRES.

Voilà l'histoire.

SANS-QUARTIER.

Et quand le général est arrivé, nous allions nous retirer chacun dans notre appartement, sans bruit et sans scandale.

LE GÉNÉRAL.

Firmin, vous avez le plus grand tort ; quelque cruelle que fût votre mauvaise fortune, vous deviez la supporter plutôt que de violer l'asyle d'un citoyen. (*Au chanoine.*) Pour vous, monsieur, votre caractère, l'humanité devoient vous engager à donner l'hospitalité à deux françois malheureux ; mais puisqu'ils ont manqué aux loix de la discipline, et qu'il est de l'honneur et de la dignité des François de respecter les propriétés même de leurs ennemis, je les condamne à vous payer tel dédommagement qu'il vous plaira exiger.

BARNABÉ.

Monsieur le général.... je.... certainement....

LE GÉNÉRAL.

En les recevant, vous vous fussiez acquis des droits à leur reconnoissance, et de deux ennemis qui vous ont berné, vous eussiez fait deux amis. — Je souhaite que cette leçon vous rende à l'avenir plus hospitalier.

FIRMIN.

Tenez, monsieur le chanoine, vous m'avez donné à souper aujourd'hui, faites-moi l'amitié d'accepter demain un dîner de ma façon.

SANS-QUARTIER.

Ah papa ! un bon dîner, ça ne se refuse pas.

BARNABÉ.

Comment, monsieur, à dîner ! — Croyez-vous que cela répare l'offense ?....

BENETTO, *bas, au chanoine.*

Acceptez toujours. — J'en serai.

BARNABÉ, *à Benetto.*

Oui. Tu crois donc..... J'accepte, monsieur.

LE GÉNÉRAL.

Eh bien, voilà qui arrange tout. — Firmin, est-ce là cette aimable personne dont vous m'avez parlé ?

FIRMIN.

Oui, général. —

LE GÉNÉRAL.

Vous ne m'aviez pas trompé sur sa beauté; Ce choix est digne de vous. Comptez sur mes sollicitations auprès de votre père, j'espère le faire consentir à votre bonheur.

BENETTO.

C'est très-heureux pour moi..... Je me tiens à quatre..... Oh! s'il n'étoit pas général.... nous aurions affaire ensemble...

BARNABÉ, *contenant Benetto.*

Allons, mon neveu, taisez-vous, vous êtes trop vif.

LE GÉNÉRAL, *à Benetto, qui a toujours sa serviette.*

Garçon, faites avancer mes chevaux, je vais vous quitter......

BENETTO, *au général.*

Comment, garçon! — Je ne suis point un garçon, je suis l'amant malheureux.

LE GÉNÉRAL.

Je vous demande pardon; mais votre accoutrement.....

BENETTO.

C'est monsieur Sans-Quartier qui m'a habillé comme cela.

SANS-QUARTIER.

Ecoute, cousine. — Veux-tu revenir en France? accepte ma main et ma fortune, je t'obtiendrai la première place vacante de vivandière à la suite de l'armée.

GERTRUDE.

Ma foi, j'y consens; mais la parenté?....

SANS-QUARTIER.

Nous n'avons plus besoin de dispense, maintenant le pape est de nos amis.

BENETTO.

Moi, je n'ai pas soupé, et je n'épouse personne.

BARNABÉ.

Eh bien, puisqu'il n'y a plus de remède, puisque le hasard a dérangé tous mes projets, je veux prendre mon parti de bonne grace. — Prouvez tous que vous ne m'en voulez pas en vous remettant à table avec moi. Là, le verre à la main, vous me ferez raison. (*Sans-Quartier fait signe aux hussards de la suite de venir boire un coup.*) Je veux si bien vous fêter, que de retour dans votre patrie, lorsque rassemblés autour du grand foyer, vous conterez à vos neveux vos grandes victoires d'Italie, vous égaierez votre récit en leur disant un mot du souper du chanoine.

VAUDEVILLE.

Air : *Du vaudeville du Conteur.*

BARNABE, *au capitaine François.*

Déjà, depuis long-temps en France,
Il n'est plus de canonicats.
Pour des moines, quelle abstinence!
Comme eux ne m'y réduisez pas.
A supprimer des bénéfices,
Puisque vous vous montrez expert,
Dispensez-moi de mes offices,
Mais ne m'ôtez pas mon couvert.

FIRMIN, *à Cœlenie.*

Tous les maris, en Italie,
Sont, dit-on, de vrais loups-garous.
En France, point de jalousie;
Là nous sommes de bons époux.
De passer pour mari sauvage
Un françois craint trop le travers;
Et nos amis, dans le ménage,
Sont sûrs de trouver leurs couverts.

BENETTO.

Je devois épouser madame,
Et souper ici dans ce jour;
Pour le souper et pour la femme
J'ai bon appetit, grand amour:
Hélas! par un sort déplorable
Notre logis se trouve ouvert,
Deux françois, pires que le diable,
Prennent ma femme et mon couvert.

SANS-QUARTIER.

Quand la France, au sein de la gloire,
Pourra jouir de ses succès,
Lorsque des mains de la victoire
L'Europe aura reçu la paix;
Libre des travaux de la guerre,
Le françois, de lauriers couvert,
A tous les peuples de la terre
Offrira gaiement son couvert.

GERTRUDE, *au public.*

J'ai reçu l'ordre de vous faire
Un bon repas, bien entendu;
Trop gourmets, vous n'estimez guère
Souper d'amis et vin du cru :
Mais si vous avez su vous plaire
Au souper qui vous est offert,
Comme amis, à l'heure ordinaire,
Venez à mon petit couvert.

FIN.

DE L'IMPRIMERIE D'ANDRÉ.

www.ingramcontent.com/pod-product-compliance
Lightning Source LLC
LaVergne TN
LVHW020628110826
845149LV00004B/1096

9782019202262